TECNOLOGIA TÊXTIL

PARTE I

TECNOLOGIA TÊXTIL

PARTE I

Série TECNOLOGIA TÊXTIL

Impresso por Amazon.com

COPYRIGHT

Primeira publicação no Brasil – Julho/2024 por Amazon.com.br

ISBN: 9798303942448

Todos direitos reservados – Copyright Roque Ottavio

Nenhuma parte desta publicação pode ser reproduzida ou transmitida por quaisquer meios, electrónicos, mecânicos, fotocópias ou outros, sem a autorização prévia do autor.

Digitação e arte da capa por Roque Ottavio

"Um sonho não tem um tempo certo para se realizar, vamos idealizando, construindo, às veze demora muito, o importante é não desistir dele".

Publicar um livro foi um sonho distante que se torna realidade.

Roque Ottavio

Desenvolvido, escrito e diagramado

por

Roque Ottavio

Autor independente

avamidia.homeoffice@gmail.com

APRESENTAÇÃO

Tecnologia Têxtil Parte 1 descreve as operações iniciais do ciclo produtivo Têxtil, divide-se em:

Fibras Têxteis

Fiação

Tecelagem

Malharia.

Envolve os conceitos técnicos e descreve as operações separadas por processos em cada uma das áreas, você aprenderá quais são as Fibras Têxteis, como elas se transformam em fios, como estes fios formam os tecidos e finalmente como são entrelaçados originando as malhas.

Para melhor compreensão do texto, a sequência apresentada segue o fluxograma industrial para cada setor, originando na Fibra até a formação do tecido e da malha.

SUMÁRIO

Introdução–11

Fibras Têxteis–13

Fiação–29

Tecelagem–47

Malharia–75

Considerações Finais–103

Bibliografia–104

Agradecimento–105

Biografia–106

Obras do autor–108

INTRODUÇÃO

A tecnologia têxtil envolve a aplicação de princípios científicos e tecnológicos na produção e transformação de materiais têxteis. Este setor desempenha um papel crucial na indústria da moda e em diversas outras áreas que utilizam tecidos para diferentes finalidades. A tecnologia têxtil abrange uma série de processos interligados, desde a produção das fibras até a confecção do produto final:

1. Fibras Têxteis: Esta etapa inicial envolve a produção e desenvolvimento de fibras, que podem ser naturais (como algodão, lã, seda) ou sintéticas (como poliéster, nylon). A qualidade e as propriedades das fibras são fundamentais para o desempenho dos produtos têxteis finais.

2. Fiação: Neste processo, as fibras são transformadas em fios. A fiação pode ser realizada por diferentes métodos, cada um influenciando as características do fio, como resistência, suavidade e elasticidade.

3. Tecelagem: Consiste na transformação dos fios em tecidos através de diferentes técnicas de entrelaçamento. A tecelagem pode produzir uma vasta gama de estruturas têxteis, desde tecidos simples até os mais complexos, como "jacquard".

4. Malharia: Ao contrário da tecelagem, a malharia envolve a produção de tecidos por meio do entrelaçamento de fios

formando malhas. Os produtos de malharia são conhecidos por sua elasticidade e conforto, sendo amplamente utilizados em vestuário.

5. Beneficiamentos Têxteis: Este setor envolve tratamentos e acabamentos aplicados aos tecidos para melhorar suas propriedades ou adicionar novas características. Isso inclui tinturaria, estamparia, acabamento e Lavanderia.

6. Confecção: A última etapa no ciclo de produção têxtil, onde os tecidos são cortados e costurados para criar peças de vestuário ou outros produtos finais.

Cada um desses setores desempenha um papel essencial na cadeia de produção têxtil, contribuindo para a inovação, qualidade e diversidade dos produtos disponíveis no mercado. A tecnologia têxtil continua a evoluir, impulsionada por avanços científicos e demandas do consumidor, tornando-se uma área dinâmica e vital para a economia global.

FIBRAS TÊXTEIS

Definições

As fibras têxteis são elementos filiformes caracterizados pela flexibilidade, finura e grande comprimento em relação à dimensão transversal máxima sendo aptas para aplicações têxteis.

São estruturas alongadas, finas e flexíveis que podem ser transformadas em fios e, subsequentemente, em tecidos ou outros produtos têxteis. Elas são a matéria-prima fundamental da indústria têxtil e suas propriedades determinam o desempenho e a aplicação dos produtos finais. As fibras têxteis podem ser classificadas em três categorias principais: naturais, artificiais e sintéticas. Cada tipo tem suas próprias características, métodos de fabricação e aplicações.

A forma da fibra e a sua macieza natural têm também igualmente uma influência sobre o brilho pois modifica a maneira como a luz é refletida pela fibra. A macieza natural das fibras de algodão contribui para lhe conferir o brilho.

CLASSIFICAÇÃO

<u>Fibras Naturais</u>

As fibras naturais são obtidas diretamente de plantas, animais ou minerais. Elas têm sido utilizadas desde os tempos antigos e são conhecidas por suas propriedades biodegradáveis e sustentáveis.

1-Vegetais: Algodão, linho, juta, cânhamo, rami e sisal. Existem algodões de diferentes tipos e variedades. O tipo do algodão é determinado através de padrões fornecidos pelos órgãos governamentais, com eles procedendo-se à necessária comparação. O algodão é higroscópico, isto é, absorve a umidade do ambiente.

Fibra de Algodão

1-Animais: Lã, seda, caxemira, angorá. A classificação qualitativa da lã é feita pela finura, resultado da apreciação global quanto ao "toque", diâmetro, elasticidade, ondulação, etc. Estas características são medidas em laboratórios têxteis em aparelhos especiais e podem ser determinadas em relação a lãs de qualquer proveniência. O comprimento das fibras para lã cardada varia de 50 a 150 mm.

A seda é a fibra natural mais nobre devido ao seu brilho, ao toque e a reduzida tendência de amarrotar. A fibra da seda é um filamento contínuo de proteína, produzido pelas lagartas de certos tipos de mariposas. Há dois tipos principais de bicho da seda: os selvagens e os cultivados. A resistência em estado úmido se situa entre os 80 e 85% da resistência a" seco". Isto significa que os artigos confeccionados com seda perdem resistência quando molhados.

Fibra de Lã

Fibra da Seda

1-Minerais: Amianto.

Fibras Artificiais Regeneradas

As fibras artificiais são feitas de polímeros naturais modificados. Elas são criadas a partir de matérias-primas naturais, como a celulose, que são quimicamente processadas para formar uma fibra.

1-Viscose: Produzida a partir da celulose de madeira ou polpa de algodão. O campo de utilização é bastante amplo, sobressaindo no vestuário em geral, em misturas com outras fibras e em imitação de seda, erroneamente chamada de seda javanesa ou de seda artificial, quando na forma de filamentos contínuos.

Maior conforto, especialmente em climas quentes. Em contato com o corpo, transmite uma agradável sensação de suavidade e frescor. Absorção de água elevada, importante em aplicações como toalhas de banho, artigos de limpeza, absorventes higiênicos, etc. Elevada transferência de calor, mais uma característica que torna a viscose adequada ao clima quente. Em composição pura, apresenta um caimento fluido, quando utilizada em conjunto com outras fibras, facilita a adequação do caimento à aplicação. Boa solidez das cores, por isto não desbota, toque suave e macio, permitindo a fabricação de tecidos e malhas mais confortáveis.

Definições

Fibra de Viscose

2-Modal: Uma forma de viscose mais resistente. Fibras de celulose regenerada normalmente fabricadas pelo processo Viscose, que possuem elevada tenacidade e alto módulo de elasticidade à úmido. Permanece Macia, este toque macio oferece uma sensação como "pele sobre pele". Mesmo após muitas lavagens a Modal permanece macia como no primeiro dia, sua pele respira livremente

As características fisiológicas da Modal reforçam a sensação de "pele sobre pele", absorve 50% a mais de umidade do que o algodão e mais depressa. Assim a pele permanece seca e consegue respirar. Efeitos brilhantes

Não importa se são cores fortes ou delicadas. Modal absorve os corantes de forma rápida, profunda e permanente. A Superfície lisa da fibra é responsável pelo brilho sedoso dos artigos Modal ou em misturas com outras fibras.

3-Cupro: Celulose quimicamente regenerada.

4-Lyocel: Comercialmente conhecido como Tencel®, celulose quimicamente alterada com maior resistência tanto em úmido como seco. Ela é fabricada inteiramente da celulose natural encontrada na polpa da madeira, que se origina de árvores cultivadas em fazendas especiais para este objetivo.

A fibra Lyocel é fabricada considerando as questões ambientais atuais e futuras. Através da utilização de produtos químicos não tóxicos e testados quanto à segurança, um processo de fiação em solvente e reciclagem, as emissões atmosféricas e efluentes são significativamente inferiores comparadas aos diversos outros processos de produção de fibra.

Lyocel é 100% celulósica, ela é completamente biodegradável, é excepcionalmente resistente, em ambos os estados seco e molhado, e sua resistência se traduz em fios e tecidos excepcionalmente resistentes. Através de ação abrasiva em estado molhado, micro fibrilas se desenvolvem na superfície da fibra Lyocel e, criticamente, permanecem fixadas a

Definições

ela. O desenvolvimento destas micro fibrilas é conhecido como fibrilação, uma das características físicas mais importantes desta fibra.

Fibras Artificiais Modificadas

1-Acetato: Fibra natural celulósica quimicamente modificada. As fibras de acetato não devem ser confundidas com as de rayon (viscose), pois suas propriedades físicas e químicas, assim como sua reação aos corantes, são diferentes das de rayon.

2-Triacetato: Acetato quimicamente modificado. Fibras artificial celulósica, obtida da polpa de madeira ou dos "línters" de algodão, é um material termoplástico, podendo ser fornecido ao mercado na forma de fibra cortada, "tow" e/ou filamentos contínuos. As fibras proporcionam excelente estabilidade dimensional e podem ser passadas sem a necessidade de se umidificar o tecido em virtude de sua boa resiliência e de seu caráter termoplástico.

Fibras Sintéticas

As fibras sintéticas são fabricadas a partir de polímeros derivados de produtos petroquímicos. Elas são criadas por meio de processos químicos complexos e são conhecidas por suas propriedades duráveis e de fácil manutenção.

1-Poliéster: O polímero mais comum usado na fabricação de fibras têxteis. APossuem alta elasticidade e são excelentes pela ótima estabilidade dimensional. São termoplásticas, resistentes à ruptura e ao desgaste. Sua solidez em estado úmido é igual à solidez em estado seco e apresentam alta resistência às influências da luz e condições climáticas, bem como à insetos e à formação de bolor.

Tem boa resistência aos agentes químicos sintéticos e naturais e apresentam grande dificuldade ao tingimento e tem reduzido poder de absorver umidade. As fibras para fio fiado têm tendência poderosa a formar "pilling", existem, todavia, tipos pobres nesta formação.

Fibra de Poliéster

2-Poliamida (Nylon ®): As poliamidas apresentam ótima tenacidade, elevada resistência à abrasão, aos agentes químicos sintéticos e naturais, baixo coeficiente de atrito, alto grau de tingimento, alta cristalinidade, baixa absorção de umidade, reduzido intumescimento, rápida secagem e grande poder de resistência contra insetos e ao apodrecimento.

Elas aceitam mudança de forma termoplástica com temperaturas adequadas, por: pregas, frisagem e fios texturizados. Existem 2 tipos:

PA 6 – maior maciez, considerável absorção de umidade e ótima resistência à abrasão

PA 6.6 – menor maciez, alta resistência à abrasão e à temperatura.

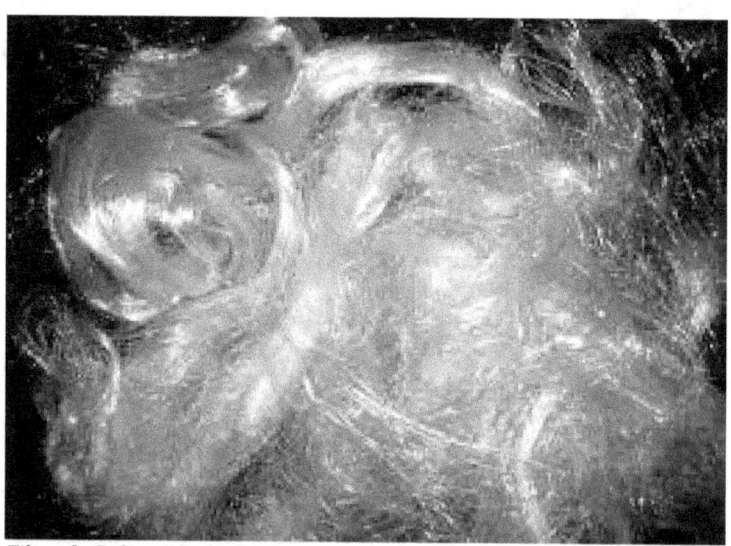

Fibra de Poliamida (Nylon)

3-Acrílico: Semelhante à lã em aparência e toque, possuem resistência à ruptura alta, reduzida absorção de umidade e intumescimento, secam depressa e são resistentes ao calor de irradiação. Sobressaem pelo aspecto lanoso e toque do mesmo tipo, pesam pouco, conservam bem o calor, resistem ao amassamento e tem ótima resistência a luz e às intempéries.

São dignas de menção a alta capacidade para encolher de um lado e a solidez da forma de fibras encolhidas de outro. Conservação do calor: Altíssima, em especial em fios de fibras para fiação. Absorção de umidade e entumecimento: reduzido, a taxa de absorção da água é de 2 - 2,5 %. Os acrílicos são, portanto, hidrófobos o que confere uma grande estabilidade às propriedades dinamométricas relativamente ao molhado e secagem rápida.

Fibra de Acrílico

Definições

4-Poliuretano: Fibra elastomérica também conhecida comercialmente como Lycra® e Spandex®. Suas notáveis propriedades de alongamento e recuperação enobrece os substratos têxteis, adicionando novas dimensões de caimento, conforto e contorno das roupas. Pode ser esticado quatro a sete vezes seu comprimento, retornando instantaneamente ao seu comprimento original quando sua tensão é relaxada.

Resiste ao sol e água salgada, e retém sua característica flexível no uso e ao passar do tempo. Lycra® torna-se mais fino quando esticado, o que faz particularmente atrativo para meias transparentes (femininas), por exemplo. Dentre as mais importantes aplicações para o fio nu estão as malhas circular para roupa íntima, top de meias, tecido canelado para punhos e cinturas, tecidos de "ketten" para praia e esportes ativos e algumas construções de meias.

Um tecido jamais é feito de 100% Lycra, ele é utilizado em pequenas quantidades, sendo sempre combinado com outra fibra, natural ou sintética. Qualquer que seja a mistura, o tecido concebido com Lycra irá sempre conservar a aparência e toque da fibra principal.

Métodos de Fabricação

NATURAIS

Vegetais
São extraídas das partes da planta (sementes, caules, folhas), limpas, penteadas e fiadas.

Animais
São colhidas através da tosquia (lã) ou colheita (seda), limpas e fiadas.

Minerais
São extraídas diretamente do mineral, embora o uso de amianto esteja em declínio devido a questões de saúde.

ARTIFICIAIS

Viscose
A celulose é dissolvida em uma solução alcalina e regenerada em fibras através de um processo chamado Xantato.

Modal
São semelhantes ao da viscose, mas com modificações químicas para aumentar a resistência e estabilidade.

Cupro
São obtidas por processos químicos de hidróxido tetraminocúprico chamado cuproamoniacal.

Lyocel
São obtidas tratando a celulose com óxido de amina.

Acetato
São obtidas pelo tratamento da celulose com ácido acético.

Triacetato
São obtidas pelo primeiro estágio da acetilação da celulose.

SINTÉTICAS

Poliéster
São obtidas por polimerização do ácido tereftálico (PET) com etilenoglicol, seguida de extrusão e fiação.

Poliamida
São obtidas por Polimerização da caprolactama ou ácido adípico e hexametilenodiamina.

Acrílico
São obtidas por: Polimerização da acrilonitrila.

Poliuretano
São obtidas pela polimerização de alcadienos ou alcadienos e outros monómeros.

Propriedades

FIBRAS TÊXTEIS

Algodão

Suave, absorvente, respirável. Aplicação: Roupas, lençóis e toalhas.

Lã

Isolante térmico, elástica, absorvente de umidade. Aplicação: Suéteres, mantas e tecidos de inverno.

Seda

Brilho, suavidade, resistência à tração. Aplicação: Vestidos de luxo, gravatas e lenços.

Viscose

Macia e absorvente. Aplicação: Roupas leves, forros e tecidos decorativos.

Modal

Mais resistente que a viscose, alta absorção de umidade, suave ao toque. Aplicação: Roupas íntimas, roupas esportivas e lençóis.

Lyocel

Resistente, baixo encolhimento, toque macio e suave e bom caimento. Aplicação: roupas de "creps", cambraias e popelines.

Acetato

Rápida secagem, excelente estabilidade dimensional e boa resiliência. Aplicação: Forro de roupa, tecidos para vestidos, panos para guarda-chuva, gravatas, fios de enfeites e roupas finas.

Triacetato

Brilho elevado, termoplástico com deformações sob calor/umidade/pressão, obtém-se plissados e vincos permanentes e resistente às rugas. Aplicação: vestuário feminino.

Poliéster

Resistente à abrasão, não encolhe, seca rapidamente. Aplicação: Roupas esportivas e tecidos de decoração.

Poliamida

Boa resistência, elasticidade, leveza e toque macio. Aplicação: Meias, roupas esportivas e tecidos técnicos.

Acrílico

Suave, quente, resistente ao desgaste. Aplicação: Suéteres, mantas e roupas de inverno.

Poliuretano (Lycra®)

Excelente alongamento, conforto e caimento, resiste ao sol e água salgada e torna-se mais fino quando esticado. Aplicação: meias transparentes femininas, malhas circulares para roupa íntima, meias, punhos, moda praia, esportivos, camisetas e calças.

FIAÇÃO

Definições

O setor de fiação é um componente essencial da indústria têxtil, cujo objetivo principal é transformar fibras em fios, que posteriormente serão usados na produção de tecidos e outros produtos têxteis. A fiação envolve a preparação e a combinação de fibras para criar um fio contínuo com características específicas, como resistência, suavidade e uniformidade.

FINALIDADE

Transformar fibras têxteis soltas em um fio contínuo e resistente que possa ser usado em processos subsequentes de tecelagem, malharia ou confecção. Produzir fios com as características desejadas para atender às exigências de diferentes tipos de tecidos e aplicações finais, garantindo qualidade e eficiência na produção têxtil.

FLUXOGRAMA DOS PROCESSOS

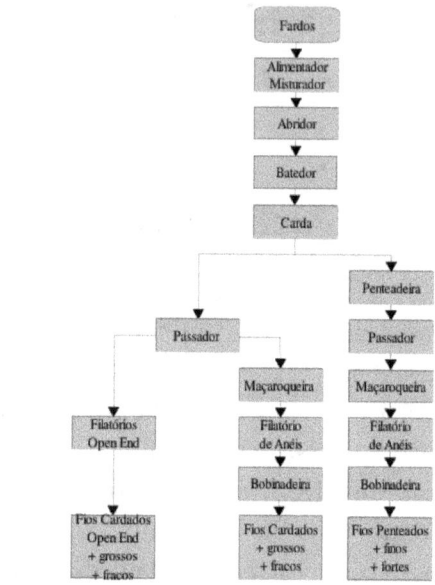
Fluxograma de Processos

FIAÇÃO CONVENCIONAL

A fiação convencional, também conhecida como fiação anel, é um processo tradicional e amplamente utilizado. Envolve várias etapas para transformar as fibras em fios.

FIAÇÃO "OPEN END" (OE)

A fiação "open end", também conhecida como fiação a rotor, é uma tecnologia mais moderna e eficiente, especialmente adequada para a produção de fios grossos.

FIOS CARDADOS

Fios também produzidos a partir do sistema anel (método convencional), porém apresenta uma fase a menos do que os fios penteados, justamente a fase de separação das fibras curtas das longas, que conforme a ilustração acima, é realizada com os fios penteados, gerando, desta forma, fios mais fracos e grossos do que os fios penteados.

FIOS PENTEADOS

Produzidos a partir do sistema de filatório anel, o fio é produzido passando pelo processo de pentear que retira da matéria-prima as impurezas e fibras curtas. Na fase de fiar (filatórios), passa pelo filatório de anéis. Apresenta seis fases de processamento e utiliza mais pessoas, maior número de máquinas e, também uma maior área construída. Uma das vantagens deste sistema é a flexibilidade de produção, pois permite produzir fios de qualquer espessura, além de produzir um fio de maior resistência e consequentemente, de maior valor agregado.

FIOS CARDADOS OPEN END

Os fios produzidos por esse processo são mais grossos e fracos. São produzidos pelo menor fluxo produtivo entre os tipos de fios, passando pela carda, passador e filatório a rotor.

Preparação à Fiação

ABERTURA

É a operação mediante a qual as fibras naturais de origem vegetal, animal, mineral ou química, são submetidas, por meio de máquinas, a uma quantidade máxima possível de separação, objetivando facilitar os processos subsequentes. A abertura é feita por um equipamento, automático ou manual, que coleta pequenas porções de cada fardo e as submete a batimentos para remoção de impurezas.

Abridores

BATEDORES

Essas impurezas, que consistem de cascas, galhos, folhas, areia e barro, entre outras, são removidas, em grande parte, nesses batedores. Dos batedores, as fibras são transportadas ao processo de cardagem. Geralmente o transporte é realizado por tubulações.

CARDAS

A cardagem propicia a obtenção de uma mecha de fibras. Sua finalidade é a limpeza mecânica das fibras, assim como o início do processo de estiramento e torção, princípios destinados a obtenção das qualidades finais dos diversos tipos de fios. O principal objetivo da cardagem consiste em separar as fibras umas das outras, libertando-as das impurezas que ainda possam estar na matéria-prima. A carda possibilita ainda uma mistura mais íntima das fibras. Na carda se dá a continuação da abertura e limpeza das fibras.

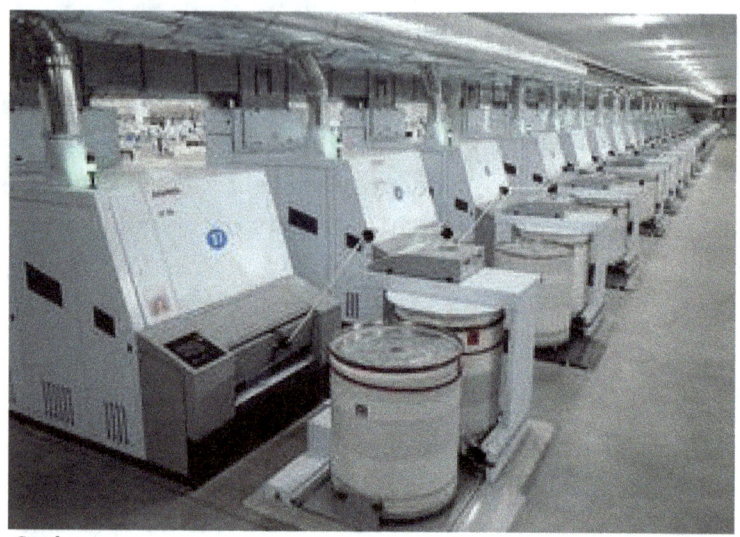
Cardas

PASSADORES

Tem como objetivo uniformizar o peso por unidade de comprimento, paralelizar as fibras através da estiragem e misturar as fibras. A ideia básica da estiragem por cilindros é simples, a fita é introduzida num par de cilindros giratórios com velocidade e posteriormente esta fita de algodão entra em outro par de cilindros movimentando-se a uma velocidade maior, por exemplo, seis vezes maior que a do primeiro par, a fita resultante será seis vezes mais comprida e fina que a introduzida no primeiro par de cilindros. Sua função é efetuar a mistura de várias fitas de carda para a obtenção de uma nova com a passagem das várias fitas (4, 8 ou 16) por um sistema de junção, com posterior estiramento e torção, para melhor uniformidade.

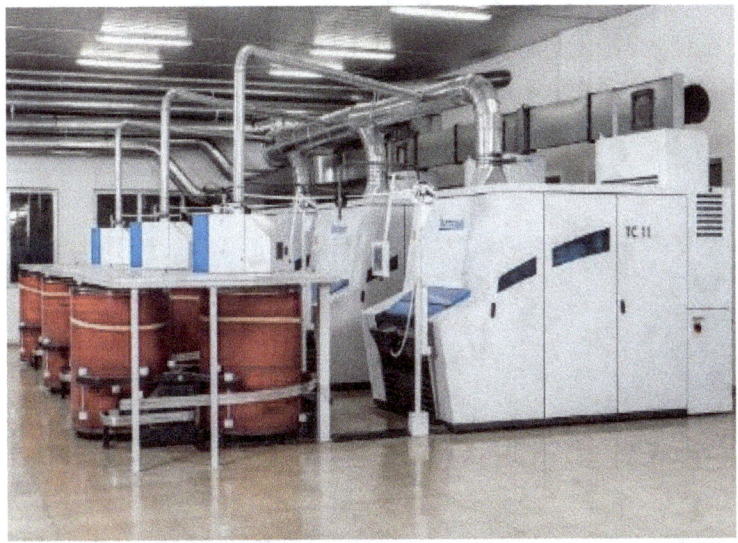
Passadores

Fiação Penteada

REUNIDEIRAS

A reunideira tem por objetivo reunir as fitas saídas da carda ou do passador e unir em forma de uma manta para alimentar a penteadeira.

Reunideira

LAMINADEIRA

O objetivo desta máquina é o de reunir as mantas vindas da máquina anterior, para dar maior uniformidade à manta para poder alimentar a penteadeira. A laminadeira é alimentada por 4 a 6 mantas de reunideira.

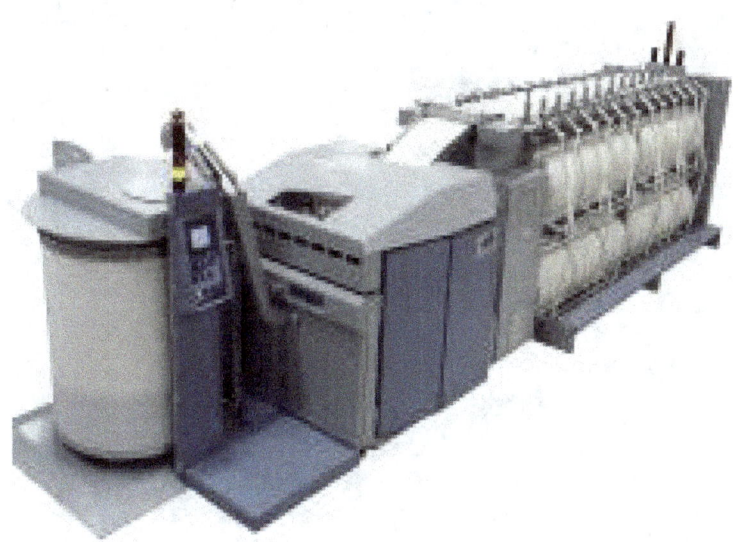

Laminadeira

PENTEADEIRA

A penteadeira tem como objetivo uniformizar o comprimento das fibras, eliminando todas aquelas que não atinjam o comprimento adequado para obter fios finos e de boa qualidade. A intensidade da seleção será em função da qualidade do algodão que se trabalha. Isto é feito através de um processo de pentear, onde os pentes retêm as fibras curtas que são segregadas. As fibras longas remanescentes, por sua vez, são novamente transformadas em fitas.

Penteadeira

Fiação Convencional

MAÇAROQUEIRA

Para a fiação convencional de anel não é possível converter diretamente uma fita em fio, deve haver então um produto intermediário tanto em espessura quanto em torção, que é o pavio. As maçaroqueiras possuem por finalidade a transformação das fitas em fios, ainda de grandes dimensões, chamados pavios, com cerca de 3 a 5 mm de espessura. A transformação das fitas em pavios se dá por estiramento e torção, cujo processo é totalmente mecânico.

Maçaroqueira

FILATÓRIO DE ANEL

Na fiação anel, cada fuso é alimentado por uma mecha, ou pavio (fita constituída de fibras com uma ligeira torção, produzida em uma máquina conhecida como maçaroqueira), que é posicionada na parte superior da estrutura do filatório. A mecha passa primeiramente pelo sistema, ou trem de estiragem (conjunto de cilindros e manchões emborrachados que promovem, através da diferença de suas velocidades periféricas, o estiramento da massa fibrosa).

Após o fio deixar a frente dos cilindros do trem de estiragem, passa no guia fios e então no viajante, enrolando-se seguidamente na canela. O separador tem o objetivo de evitar que o balão do fio de um fuso interfira com o balão do fio de outro fuso vizinho, então a mecha ou pavio é convertido em fio.

Filatório de Anel

BOBINADEIRA/CONICALEIRA

O processo de fiação de anel produz o fio singelo em uma embalagem chamada de espula que não pode ser utilizada para o processo de tecelagem, deve-se então mudar a embalagem do fio da espula para uma embalagem que possa ser utilizada para o processo posterior de tecelagem, esta embalagem é a bobina. O processo de mudança de embalagem é feito em uma máquina chamada de bobinadeira, além de mudança de embalagem também possui a função de retirar as irregularidades do fio, como os pontos grossos e finos.

Conicaleira

RETORCEDEIRA

O processo de fiação convencional produz fios, que são designados de fios singelos. É possível reunir dois ou mais fios simples, combinando-os por meio de torção de modo a produzir um fio retorcido.

O princípio da retorcedeira consiste em alimentar os fios a serem retorcidos através de um par de cilindros, retorcendo-os em seguida por um fuso de rotação.

Fiação

Retorcedeira

Fiação "Open End"

FILATÓRIO DE ROTOR

Indicado para fibras curtas, uma das maiores vantagens da fiação por rotor é devida ao fato de a aplicação da torção efetuar-se em separado do enrolamento do fio, o que permite altas velocidades no mecanismo de torção, enquanto o enrolamento acontece a uma velocidade muito mais baixa, agredindo menos o fio e as fibras que o compõem.

Uma desvantagem deste sistema é que, quanto maior for o número de fibras na alimentação, pior será a qualidade do fio resultante, daí a preocupação das fiações com o índice "micronaire" (indicativo do complexo finura / maturidade da fibra) da fibra do algodão, já que este índice determinará o limite de fiabilidade em função da quantidade de fibras possíveis de serem inseridas na seção transversal do fio. Na fiação a anel o "micronaire" a ser fiado é entre 4,2 e 4,4, na fiação "open end", o "micronaire" será entre 3,8 e 4,2.

Fiação

Filatório de Rotor

Fiação Open End

TECELAGEM

Definições

A tecelagem é uma etapa crucial na cadeia têxtil, responsável pela transformação de fios em tecidos por meio de diferentes técnicas de entrelaçamento. A função da tecelagem é produzir tecidos com uma variedade de padrões, texturas e características funcionais, que serão usados em roupas, acessórios, estofados, produtos industriais, entre outros. Os tecidos podem ser planos ou tridimensionais e variam desde os mais simples até os mais complexos.

A tecelagem tem a função de converter os fios, produzidos na fiação, em tecidos. Ela envolve a intersecção de dois conjuntos de fios perpendiculares: o urdume (fios longitudinais) e a trama (fios transversais). O processo de tecelagem pode produzir uma ampla gama de tecidos com diferentes características de resistência, elasticidade, textura e aparência.

TIPOS DE TECIDOS

Tecidos Planos: São formados pelo entrelaçamento dos fios de urdume e trama. Exemplos: tafetá, sarja, cetim.

Definições

Tecidos Não Tecidos ("No Wovens"): Formados pela união de fibras por meios mecânicos, químicos ou térmicos, sem o entrelaçamento dos fios. Exemplos: feltros, carpetes e geo têxteis.

FLUXOGRAMA DOS PROCESSOS

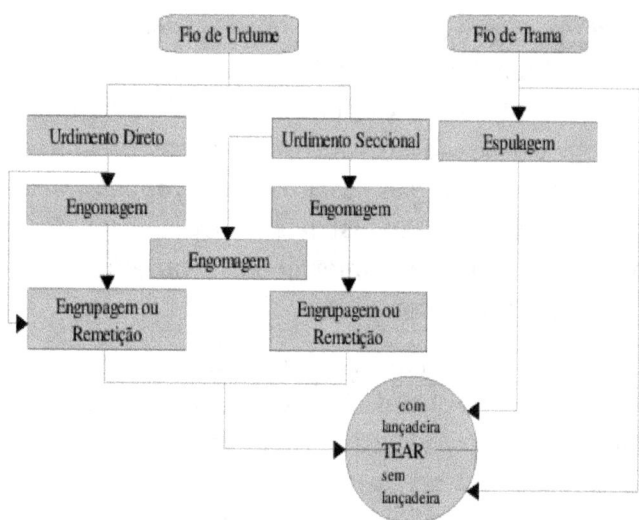

Fluxograma da Tecelagem

Urdimento

O urdimento é a operação de preparação à tecelagem, que consiste na passagem dos fios que formarão o urdume do tecido, transferindo-os de seus suportes iniciais (cones, bobinas, 'tops", etc.) para o rolete do tear. Este rolete compõe-se de um tubo rosqueado em suas extremidades, onde são posicionados 2 discos denominados flanges que determinam a largura sobre a qual serão enrolados os fios de urdume.

O número de fios a ser urdido é função da largura do tecido a ser produzido, do número de fios por centímetro, do título do fio entre outros dados.

GAIOLA

A gaiola é o conjunto que sustenta os suportes de fios que alimentam a urdideira. Sua capacidade é igual ao número de suportes que ela pode conter. A função da gaiola é assegurar a regularidade da tensão dos fios, além de, é claro assegurar o controle destes fios. A altura da gaiola deve ser tal que o operador possa ter acesso à fileira superior de suportes (aproximadamente 190 a 200 cm). Admite-se em geral, que a gaiola não pode ultrapassar de 12 metros de comprimento (profundidade). Com metragens além desse valor, considera-se que as diferenças de tensão entre as bobinas da frente e as de trás tornam- se muito altas. A eficiência do operador também sofre influência negativa, devido aos longos deslocamentos.

Os principais componentes da gaiola são:

Suportes

Tensores

Guia-Fios

Sistema de Parada Automática

O PENTE ENCRUZ

Em cruz é passagem dos fios por entre 2 barras ou cordões, de modo que cada fio tenha uma sequência inversa de seu adjacente, formando assim 2 planos ou sistemas de fios, podendo-se separar a sequência dos fios em pares e impares. A finalidade do "em cruz" é:

> Manter os fios na mesma sequência evitando o embaraçamento com fios adjacentes.
>
> Propiciar as operações de engrupagem, remetição e passamento.
>
> Facilitar a localização dos fios no caso de ruptura no tear.

A finalidade deste pente é distribuir os fios em uma determinada densidade (fios/cm), a qual é função do número de fios, seja da fita ou do rolo primário.

Gaiola

A repassagem de todos os fios para o rolete do tear não é processada diretamente, pois nesse caso, seria necessária uma quantidade de suportes igual ao número de fios do urdume. Na prática isto é inviável, devido ao tamanho da estrutura que seria necessário para conter os suportes e principalmente devido às dificuldades operacionais que acarretaria este trabalho com elevado número de suportes. Para superar esta dificuldade foram idealizadas duas técnicas de processamento, denominadas URDIMENTO SECCIONAL e URDIMENTO CONTÍNUO ou DIRETO.

URDIMENTO SECCIONAL

Este tipo de urdimento é apropriado para a produção de urdume com pequenas metragens e para a produção de urdumes com fios retorcidos, pois o rolo que sai desta urdideira contém todos os fios de urdume. Também é utilizada para produzir urdumes que necessitam ser engomados, porém, neste caso deve- se utilizar um pente em cruz apropriado. Neste tipo de urdideira, conforme o próprio nome já diz, o urdume é produzido por seções que são chamadas de fitas. Os suportes de fios a serem urdidos são dispostos na gaiola e são enrolados sobre um suporte intermediário (tambor) em diversas fitas uma ao lado da outra.

Para fazer o urdume desejado teremos:

N fitas = $\dfrac{\text{TOT fios urdume}}{\text{N cones gaiola}}$

Onde: N fitas = número de fitas
N cones gaiola = número de cones na gaiola
TOT fios urdume = total de fios de urdume

Urdideira Seccional

URDIMENTO CONTÍNUO OU DIRETO

No urdimento seccional os fios são primeiramente enrolados sobre o tambor da urdideira em seções em número tal a fornecer a quantidade de fios desejada no rolo de urdume. No urdimento contínuo, também chamado direto, este enrolamento intermediário é efetuado diretamente sobre rolos, denominados rolos primários, devendo-se então urdir um número de rolos primários, cujo número de fios somados forneça o número total de fios do rolo de urdume.

O urdimento contínuo é apropriado para grandes metragens, seja de fio singelo ou de fio retorcido. Neste tipo de urdimento teremos que produzir vários rolos, cada um com uma fração do total de fios do urdume e reuni-los na engomadeira ou na reunideira, para formar o urdume total. A metragem de urdume que se pode enrolar em um rolo de urdideira contínua é variável de acordo com a quantidade de fios, o título do fio, a largura do rolo e o diâmetro dos flanges.

Como exemplo temos um urdume de 2348 fios, título Ne 30. O número máximo de fios que podemos colocar em um rolo, dependerá da capacidade máxima da urdideira:

$$\text{N rolos} = \frac{\text{TOT fios urdume}}{\text{capacidade máxima gaiola}}$$

Onde: N rolos = número de rolos
TOT fios urdume = total de fios de urdume

$$\text{Fios/rolo} = \frac{\text{TOT fios urdume}}{\text{N rolos}}$$

Tecelagem

Urdideira Contínua

Engomagem

Na operação de tecimento, os fios de urdume são submetidos a solicitações significativas, principalmente quanto à tensão, flexão e atrito com peças componentes do tear. Estes esforços tendem a levantar as fibras da superfície dos fios fiados até rompê-los, o que irá provocar uma degradação da qualidade do tecido e uma redução no rendimento da tecelagem com as rupturas de fios.

A engomagem é uma operação de preparação à tecelagem, que tem como objetivo o revestimento dos fios de urdume com uma camada de substância que aglutina as fibras ou filamentos e protege os fios do contato com os órgãos do tear. Portanto, engomar o urdume, consiste em aplicar sobre os fios uma película de goma, que dará aos fios melhores condições para o tecimento.

Os dois parâmetros mais importantes são: a resistência à tração e resistência à abrasão, portanto, a aplicação de produtos de engomagem no fio têm como finalidade "aderir as fibras para evitar o deslizamento entre elas, aumentando assim a resistência à tração e promover o encapsulamento dos fios com uma película elástica para que este não perca a elasticidade.

APLICAÇÃO

Fios e Fibras

Singelo: obrigatoriamente engomado; - Retorcido: não é engomado ou engomado com baixa torção.

Fios e Filamentos

Baixa torção ou OT: obrigatoriamente engomado; - Alta torção: não é engomado.

PROPRIEDADES

1-Fortalecimento dos fios fazendo as fibras aderirem umas às outras.

2-Alisamento da superfície exterior do fio, para que as fibras salientes, sendo coladas ao próprio fio, não se emaranhem com fibras salientes dos fios adjacentes.

3-Lubrificação dos fios, para haver um menor atrito quando roçam uns com os outros, ou entre cada fio e as partes do tear por onde passam. A redução do atrito reduz, por sua vez as forças que atuam sobre os fios durante a tecelagem.

GAIOLAS

A seção chamada de gaiola ou desenrolamento é onde são alojados os rolos primários de urdume, normalmente com capacidade de até 12 rolos. Os rolos possuem freios, que podem ser individuais ou coletivos, são estes que vão determinar a tensão de desenrolamento. As gaiolas podem ser móveis ou fixas. As gaiolas móveis trabalham em cima de trilhos, existindo duas gaiolas para cada engomadeira, enquanto uma trabalha a outra descarrega e carrega, para ganhar produtividade.

CAIXA DE GOMA

Seu objetivo é acondicionar a solução da goma nas condições de trabalho, (normalmente quente, que pode ser através de vapor direto ou serpentinas), aplicar uma pressão nos fios para retirar o excesso de goma, (esta pressão irá influenciar diretamente no pick-up da goma). As caixas de goma podem ter apenas um ou dois cilindros espremedores. Algumas máquinas possuem duas caixas de goma.

ZONA DE SECAGEM

Esta é a parte da máquina onde é feita a secagem dos fios com goma, logo na entrada desta, normalmente existe a separação a úmido dos fios em duas ou quatro camadas, isto é importante para facilitar a secagem, proporcionar um melhor encapsulamento do fio e facilitar a separação total dos fios na zona seca.

A secagem pode ser feita por cilindros aquecidos (vapor interno), por câmara de ar ou estufa. No caso dos cilindros, que é o mais usado, estes devem ser revestidos com teflon para evitar que se formem crostas ou ferrugem. A temperatura de secagem associada a porcentagem de umidade residual no fio, influenciam diretamente na velocidade da máquina.

CAMPO SECO OU SEPARAÇÃO DAS CAMADAS

No início deste campo, os fios podem ser submetidos a uma aplicação que chamamos de pós-enceragem. Este processo consiste na aplicação por arraste de um lubrificante ao fio, que pode ser aplicado a quente ou a frio, dependendo do produto. A aplicação da pós enceragem se dá, principalmente, em urdumes densos, peludos, tintos ou de fios rústicos, com o objetivo de lubrificar a camada externa do fio, para facilitar a abertura das varas, minimizar os atritos e diminuir pó na tecelagem.

As varas de separação, que os fios são submetidos a seguir visam separar ou descolar individualmente os fios, mas garantindo sua disposição preliminar nos rolos de urdume primários, para facilitar a remetição ou engrupagem destes.

CABEÇOTE DE ENROLAMENTO

Neste campo, depois de separados os fios são distribuídos no chamado pente extensível, que ajusta a largura da camada dos fios e a largura do rolo, garantindo uma densidade constante de fios/cm e um enrolamento uniforme. Para este enrolamento uniforme, mais três fatores são importantes, a condição do cilindro de arraste ou puxador, a tensão aplicada aos fios e a pressão exercida por uma "balança" sobre os fios já enrolados.

CLASSIFICAÇÃO DA GOMA

Gomas Naturais

As gomas naturais podem ser de origem vegetal ou animal. As de origem vegetal possuem como características a facilidade de obtenção, baixo custo e de serem biodegradáveis, destacando-se os amidos e féculas de milho, batata, mandioca. As de origem animal apresentam algumas deficiências quanto à aderência de películas, versatilidade de aplicação e uniformidade, sendo também mais sensível a condições ambientes da sala de tecelagem: albumina, colas animais, obtidas por hidrólise de osso e de pele.

Gomas Semi–Sintéticas

São derivadas do amido da celulose, modificadas quimicamente com o objetivo de obterem-se produtos que apresentem melhores propriedades de dissolução, menores índices de viscosidade do banho de engomagem e facilidade de remoção, sem necessidade de uso de produtos enzimáticos no processo de desengomagem.

Os derivados do amido são obtidos por processos como hidrólise ácida, oxidação, acetilação, éter ou esterificação. Dentre as gomas semi-sintéticas destaca-se o carboximetil celulose ou celulose de carboximetilo (C.M.C.) que apresenta boa resistência à abrasão e facilidade de remoção.

Gomas Sintéticas

Os polímeros sintéticos que apresentam aplicação nos processos de engomagem são classificados em:

    Álcool polivinílico (P.V.A.)

    Polimetacrilatos e poliacrilatos

    Dietilglicolatos / ácido isofitálico

    Copolímeros de estireno / ácido maleico

As gomas sintéticas apresentam em relação às demais, vantagens, como uma maior estabilidade e aderência de película, reprodutibilidade de formulação, aplicação em fios não hidrófilos e uma maior resistência / elasticidade da película.

RECEITA DE ENGOMAGEM

1-Água

A água para preparação da goma deve ser potável, pura e com baixo teor de sais, pois sais de Mg e Ca tornam a água dura, o que não permite ser feita a emulsão dos ingredientes. Não devem conter traços de Fe ou materiais orgânicos. O pH deve girar em torno de 7, sendo ligeiramente alcalina. Esta alcalinidade não deverá ser excessiva para que não ocorra formação de espumas o que tornaria a absorção irregular.

2-Base da Formulação

São substâncias aglutinantes ou colantes responsáveis em desenvolver a película protetora sobre o fio. As mais frequentes são a base de amido, oriundo do milho, batata ou mandioca. Este elemento será usado também com classificador da engomagem.

3- Amaciantes

Conferem suavidade, reduzindo a fragilidade da película de goma, proporcionando assim maior maciez e elasticidade ao fio engomado. Base química: compostos graxos, altamente saponificáveis.

4- Lubrificantes

Protegem a película, facilitando o deslizamento do fio, reduzindo a fricção, abrasão e o desprendimento de pó do tear. São normalmente aplicados após a secagem dos fios, como óleos, ceras, parafinas, etc.

5- Agentes Higroscópicos

São substâncias que tem a capacidade de tornar a película de goma e a própria goma mais ávida à água, ou seja, são produtos que, adicionados à goma, retêm e recuperam do ambiente a umidade necessária ao urdume, o que torna a goma mais elástica, maleável e mais plástica. Base química: ureia, glicerina e seus derivados, glicose, cloretos de zinco e de cálcio.

6- Antimofos

São substâncias que, adicionadas nos banhos de goma, previnem o desenvolvimento de microorganismos, inibem a proliferação de fungos. Base química: fenóis clorados, ácido crezílico e ácido benzóico.

7- Anti-espumante

Normalmente incorporado na composição das gomas, para evitar a formação de espuma na caixa de impregnação, provocada pela agitação do banho. Base química: emulsão de silicone.

8- Anti-estático

Algumas fibras, principalmente as artificiais, carregam-se facilmente com eletricidade estática. Em alguns casos este fenômeno é causado pela baixa condutividade elétrica da fibra relacionada com a fraca absorção de umidade. As substâncias antiestática revestem o fio com um véu altamente condutor que descarrega a eletricidade estática no momento de sua formação. Estas substâncias podem ser, derivados graxos e aminas graxas.

Engomadeira

Engrupagem

A engrupagem envolve o processo de passar os fios do urdume através dos liços e do pente do tear. Cada fio de urdume é passado individualmente por uma agulha de engrupagem, que o insere nos liços (dispositivos que controlam o movimento dos fios) e no pente (que mantém os fios alinhados e com a tensão correta).

Engrupadeira

Tecimento

O tecimento é o processo final de entrelaçamento dos fios de urdume e trama no para formar o tecido. Este processo é realizado em máquinas chamadas de TEAR em 3 operações fundamentais:

A Formação da Cala
Consiste na separação dos fios da teia em duas folhas, formando um túnel conhecido por cala.

A Inserção de Trama
Consiste na passagem do fio de trama no interior da cala, ao longo da largura do tecido.

O Batimento do Pente
Consiste em empurrar a passagem inserida contra o tecido já formado, até um ponto designado por "frente do tecido".

Os teares são classificados de acordo com o tipo de inserção da trama, mudando de acordo com a evolução tecnológica dos teres.

TEARES COM LANÇADEIRA

Sistema de inserção mais antigo, a trama é conduzida de um lado a outro, através da lançadeira que se constitui de um dispositivo de madeira resistente onde se acomodam as espulas com os fios de trama (tipo de tubete onde o fio de trama era acondicionado).

Os teares de lançadeiras ditos automáticos porque efetuam a troca de espulas vazias por espulas cheias em dispositivos chamados Magazines sem a ação direta do tecelão. Esta troca pode ser feita por:

> TROCA DE LANÇADEIRA: onde ocorre a troca da lançadeira com espula vazia, por outra com espula cheia de fio.
>
> TROCA DE ESPULA: onde faz-se a troca somente da espula vazia, por outra espula cheia de fio.

Teares com Lançadeira

TEARES DE PINÇA

No lugar da lançadeira convencional utiliza-se uma pinça que possui uma menor massa e não carrega consigo uma espula. A trama neste sistema vem diretamente dos cones que alimentam a trama dos dois lados do tear. A cada batida do pente é inserida uma trama, ora da direita ora da esquerda. O comprimento da trama, necessário para cada inserção, é medido por cilindros de onde a trama é entregue à lançadeira. As pontas de trama são cortadas por uma tesoura e eliminadas por um canal de aspiração. As vantagens deste processo sobre o tear de lançadeiras são:

1-Eliminação do processo de espulagem (reabastecimento das espulas com fio de trama).

2-Não há variação da massa da pinça (pois não há espula cheia nem vazia).

3-Redução de defeitos como barramento e falta de trama.

Teares de Pinça

TEARES DE PROJÉTIL

Estes teares começaram a ser produzidos pela empresa suíça Sulzer nos anos 50. O nome projétil vem da acentuada redução de massa do porta-trama (de 400g (lançadeira) para 40g (projétil). A inserção da trama ocorre apenas de um lado da máquina (lado esquerdo) e existem vários projéteis em uso durante o trabalho de tecimento. No interior do projétil existe uma pequena pinça que prende a ponta da trama que foi apresentada. O percurso do projétil é orientado por alguns guias metálicos solidários à mesa batente. O pequeno distanciamento entre os sucessivos guias, asseguram que o projétil seja sempre guiado por vários deles.

Durante o movimento de batida do pente, os guias recuam se posicionando abaixo dos fios de urdume para dar espaço para a batida do pente. Após cada inserção, os fios de trama são cortados e as suas extremidades são inseridas na cala e tecidas com o fio de trama seguinte. Resultando daí, ourelas sólidas, capazes de resistir a todas as solicitações mecânicas.

Teares de Projétil

TEARES JATO DE AR

Neste tipo de tecnologia a trama é inserida através de um jato de ar que é expelido pela cala. Este ar deverá ser isento de partículas de poeira, óleo, umidade e estar em temperatura ambiente. Convém que a instalação de ar comprimido sempre tenha compressores ociosos para eventuais manutenções. Numa tecelagem com máquinas jato de ar, a climatização é mais exigida que em outras tecnologias, pois em cada inserção é jogado ar seco na sala, que precisa ser climatizado com uma certa umidade relativa, caso contrário, o andamento das máquinas pode ser severamente prejudicado.

Existem teares a jato de ar com uma saída e várias saídas (múltiplos jatos de ar), que possibilitam o tecimento com mais cores e títulos de trama. O que direciona o fluxo de ar com a trama na cala são os condutores, que podem ser externos ao pente ou perfilados ao pente. Normalmente os bicos de ar são montados na mesa batente, o que lhes proporciona o movimento de vai e vem e a possibilidade de regulagens mais precisas no momento da inserção variam em função do tipo de fio (liso ou piloso) e em função do título da trama. Fios mais grossos necessitam de maior pressão e consumo de ar.

Teares Jato de Ar

TEARES JATO DE ÁGUA

Tecnologia mais recente, a inserção da trama é feita pelo jato de água que conduz o fio de trama pela cala. Como consequência do processo, o tecido fica com umidade residual. Não tem transporte e usa um jato de água para desenhar a trama através da cala. A inserção do jato de água tem maior tração friccional na trama do que a inserção do jato de ar, e tem menos difusibilidade, o que é adequado para a inserção de filamentos como fibras sintéticas e fibras de vidro com superfícies lisas. Pode aumentar a condutividade das fibras sintéticas e efetivamente superar a eletricidade estática na tecelagem. Além disso, o jato do fio de trama consome menos energia e tem baixo ruído

Porque o tear de jacto de água utiliza a inserção de trama de fluxo de água, existem certos requisitos para a hidrofobicidade da fibra de trama e a espessura da fibra. É necessário que as fibras de urdidura e de trama tenham uma boa hidrofobicidade, tal como filamentos de poliéster, filamentos de nylon e outros filamentos de fibras sintéticas; a densidade linear da fibra é relativamente adequada entre 33 e 500 dtex, e a fibra é muito espessa devido à força insuficiente de inserção da trama da água. Difícil de tecer.

De acordo com as características do tear a jato de água, ele é adequado para tecer as matérias-primas a serem utilizadas, o que é superior a outras máquinas de tecelagem, independentemente do rendimento do produto, qualidade e eficiência de tecelagem. Como o tear de jacto de água é uma máquina de tecelagem de seda leve, a adaptabilidade da variedade é limitada e é geralmente adaptada para tecer tecidos de seda leves ou de tamanho médio. Tecelagem de tecidos pesados é difícil, para o qual equipamento relevante do tear a jato de água deve ser modificado.

Tecelagem

Teares Jato de Água

Tecimento

MALHARIA

Definições

A maior diferença entre as estruturas dos tecidos planos e dos tecidos de malha repousa na forma em que os fios são interligados geometricamente, os fios são inicialmente transformados em laçadas e essas laçadas são, então, interligadas de forma a produzir uma estrutura de tecido de malha. O termo "entrelaçamento" é utilizado para descrever esta técnica de formação de tecidos de malha.

Com base neste princípio, um tecido de malha pode ser produzido utilizando-se apenas um conjunto de fios. Assim sendo, os fios podem ser entrelaçados no sentido horizontal, produzindo os tecidos de malha por trama ou podem ser entrelaçados no sentido vertical, produzindo os tecidos de malha por urdume.

Sendo o tecido de malha o resultado do entrelaçamento de fios para a formação de laçadas, tanto no sentido horizontal para a malharia por trama ou no sentido vertical para a malharia por urdimento, podemos dizer que a estas laçadas formam a estrutura da malha e que agrupadas, constituem os dois elementos básicos que são conhecidos como cursos e colunas.

CURSO

É cada carreira horizontal de fios entrelaçados (laçadas), tanto nos tecidos de malha por trama como nos tecidos de malha por urdimento.

COLUNA

É o termo utilizado para designar a série de laçadas que, tanto nos tecidos de malha por trama como nos tecidos de malha por urdimento, executa o entrelaçamento no sentido vertical.

Basicamente a Malharia pode ser classificada em dois grandes grupos, cujas diferenças repousam em seus diferentes sistemas de formação de malhas. Estes dois grupos são assim denominados:

MALHARIA POR TRAMA

É o processo de fabricação de malhas que utiliza o método de entrelaçamento de malhas no sentido horizontal com um ou mais fios que alimentam um grande número de agulhas, as quais podem ficar dispostas em sentido retilíneo ou circular, dependendo do tipo de máquina. Pode-se produzir malhas com a utilização de apenas um fio, dependendo do tipo de malha e da máquina, pois um único fio pode alimentar todas as agulhas da máquina devido a sua evolução no sentido horizontal.

MALHARIA POR URDUME

É o processo de fabricação de malhas que utiliza o método de malhas no sentido vertical, empregando numerosos fios que se entrelaçam lateralmente e podem alimentar uma ou mais agulhas, ou seja, para cada agulha em trabalho corresponde um ou mais fios de barras diferentes. Necessita-se de numerosos fios para a obtenção de uma malha pois um único fio não pode alimentar todas as agulhas da máquina devido a sua evolução no sentido vertical

CLASSIFICAÇÃO DAS MÁQUINAS

Na malharia podemos classificar as máquinas de acordo com o sistema de produção:

CIRCULARES DE PEQUENO E GRANDE DI\ÂMETROS	MONOFRONTURA
	DUPLAFRONTURA
	DUPLO CILINDRO
RETILÍNEAS	MANUAIS
	AUTOMÁTICAS/JACQUARD
POR URDUME	KETTEN/RASCHEL
	JACQUARD

FIOS

Os fios usados em malha são geralmente volumosos e flexíveis. Os fios de algodão têm sido usados na indústria de malharia desde o ano de 1730. Os artigos de malha de algodão são macios e confortáveis, e por esta razão são muitos preferidos, apesar da introdução das fibras Artificiais e Sintéticas. Os fios de algodão podem ser de título muito fino, ou como outra alternativa, são muito econômicos quando de título médio ou grosso. Tantos os fios singelos, como os binados, são usados em malharia, embora os melhores resultados sejam obtidos com os fios binados. No século XX, tem sido notado com especialidade, pela produção de fibras Artificiais e Sintéticas, que também são muito usadas em malharia. Geralmente são Texturizados, para adquirir maior volume.

Uniformidade

Um bom fio para malharia deve ter um diâmetro tão uniforme quanto for possível. Um tecido de malha revela mais as variações de diâmetro do fio do que qualquer outro tipo de tecido. Isto se deve ao fato de que a malha coloca um maior comprimento de fio dentro de um espaço relativamente pequeno de tecido. Nestas condições, uma irregularidade no diâmetro do fio é facilmente percebida na malha. A posição paralela dos fios nos tecidos planos tende a contrabalançar estas variações dando uma aparência mais uniforme.

Flexibilidade

É necessária em um fio para malharia, para que as malhas sejam prontamente formadas, um fio rígido resiste á formação da malha e não é, portanto, um bom fio para malharia. A torção fraca dada aos fios para malharia aumenta a sua flexibilidade.

Elasticidade

A elasticidade é a propriedade que faz com que o fio retorne ao seu comprimento original quando cessa a ação de tensão desde que não tenha sido esticado além do seu limite máximo de elasticidade. A tendência que o fio tem de voltar ao seu comprimento original, faz com que o fio proceda da mesma forma durante o tecimento, a elasticidade faz com que o tecido de malha fique mais compacto, com linhas menores e mais elástico.

Resistência

Tem menor importância em um fio de malharia do que as características vistam anteriormente. O fio mesmo fraco, porém, com bastante uniformidade e flexibilidade, serão tecidos facilmente. A resistência do fio terá, porém, influência na resistência do tecido.

Texturização

É um processo de modificação das fibras artificiais e sintéticas, aproveitando a termo plasticidade destas. Os processos de texturização são aplicados fundamentalmente sobre os fios de filamentos contínuos. Já foram realizados ensaios sobre fios fiados de fibras, com resultados nada satisfatórios em termos de performance. Os processos de texturização diferem entre si quanto aos empregos ou não de aquecimento, torção e também quanto a forma em que estes são empregados. Fios de filamentos são lisos, duros e possuem poucos espaços cheios de ar.

A texturização consiste em dar a estes filamentos diversos tratamentos de modo a resultarem em fios macios, cheios, fofos, com interstícios de ar que conservam o calor, propriedades que caracterizam o fio para fiação. Para conseguir esta característica, dá-se forte "crimping" aos filamentos, seguido de termo fixação. A texturização pode ser feita por vários processos, como:

    Falsa torção (FT)
    Falsa torção fixada (FTF)
    Pelo ar
    Por fricção

A diferença entre eles é o grau de texturização, ou seja, quanto de volume, elasticidade e maciez se desejam dar a fibra. A escolha do processo de texturização depende do uso final do fio.

Um fio texturizado possui as seguintes vantagens sobre um fio não texturizado:

1-Melhor isolamento térmico
2-Maior volume, proporciona tecidos mais leves
3-Brilho menos intenso
4-Elasticidade
5-Não apresenta "Pilling".

Texturizadeira

Retilíneas Manuais

A máquina retilínea manual é semelhante à "Lanofix" que muitas pessoas utilizam no âmbito doméstico. Por se tratar de uma máquina manual, ela necessita de uma constante atuação do operador que precisa ser bem treinado para conseguir obter os recursos oferecidos por este tipo de equipamento. Esta máquina é composta por duas placas ranhuradas e que são conhecidas pelo nome de frontura, normalmente dispostas com um ângulo entre 90° e 100° e que normalmente são denominadas de frontura da frente e frontura de trás. A da frente é a que se encontra mais próxima do operador e a de trás a mais distante.

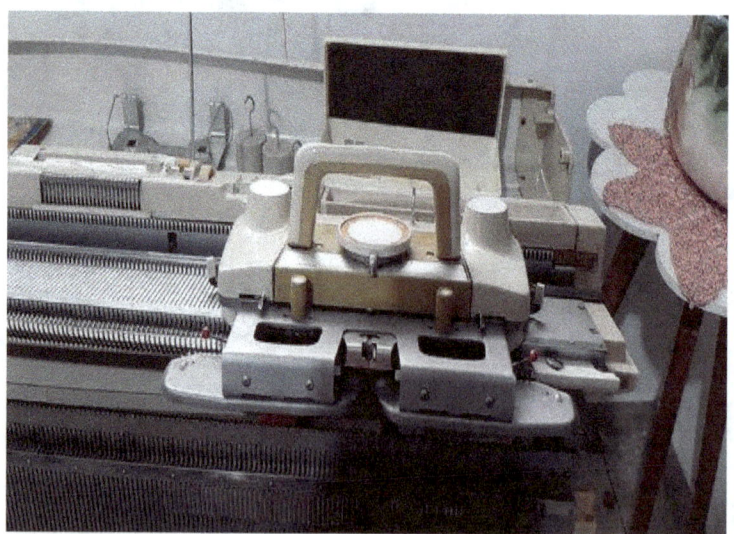

Retilínea Manual

Automáticas/"Jacquard"

É também uma máquina totalmente automatizada. Realiza tecimentos os mais diversos, porém com mais recursos comparando-se com as máquinas simples. Permite a obtenção de tecidos de malha com desenhos formados pelo entrelaçamento de fios de cores diferentes, denominados "Jacquard" Fantasia. O mecanismo "Jacquard" realiza a seleção individual das agulhas para o tecimento dentro de uma área pré-determinada. O comando do mecanismo "Jacquard" inicialmente utilizava princípios mecânicos e atualmente, com o avanço tecnológico lança mão da tecnologia eletrônica para comando por computador do mecanismo "Jacquard".

Máquinas por Urdume

CARACTERÍSTICAS

A face direita, dos tecidos de malha por urdimento, assemelha-se com a face direita dos tecidos "Jersey", mas a face avessa é caracterizada por fios flutuantes, que normalmente aparecem na diagonal.

Os tecidos de malha por urdimento são mais uniformes em relação ao peso e a aparência, pois este tipo de malharia utiliza fios mais uniformes.

Os tecidos de malha por urdimento têm a tendência de serem mais estáveis e apresentarem um menor estiramento, especialmente no sentido do comprimento, se comparados com os tecidos de malha por trama.

Os tecidos de malha por urdimento são em geral menos elásticos e mais brilhantes.

Em geral, os tecidos das máquinas "Ketten" são produzidos com fios mais finos, são mais compactos e de simples padronagem.

Nas máquinas "Raschel", os tecidos produzidos são mais espessos, utilizam fios mais grossos e apresentam espaços abertos.

MÁQUINA KETTENSTHUL

É o tipo de máquina mais difundido no campo da malharia por urdimento. Sua produção depende do artigo fabricado. Sua aplicação envolve tecidos para roupas íntimas, tecidos elásticos e forros para diversos fins.

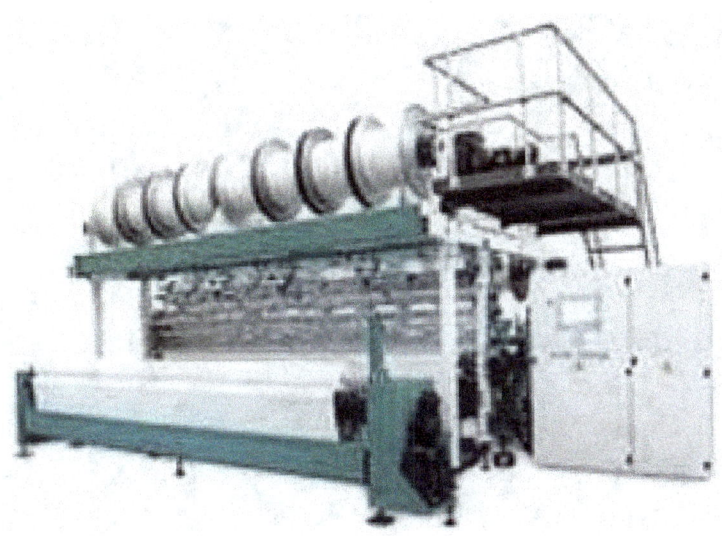

"Kettensthul"

MÁQUINA RASCHEL

Este tipo de máquina é muito semelhante à máquina "Kettenstuhl". A diferença repousa na variedade do produto final. As máquinas "Raschel" concebidas para tecidos elásticos podem ter velocidade igual as das máquinas "Kettenstuhl". As máquinas "Raschel" para a produção de rendas são as mais difundidas no mercado. Sua aplicação envolve tecidos para redes, cortinas, sapatos camuflagem, proteção contra mosquitos, pesca, tecidos para luvas, etc.

Raschel

Circulares de Pequeno Diâmetro

Estas máquinas destinam-se a produção de meias masculinas, femininas, esportivas. Estão classificadas da seguinte forma:

MÁQUINAS MONOCILÍNDRICAS

São as máquinas fabricadas com apenas um cilindro, que é a frontura deste tipo de máquina e que se apresenta na posição vertical. Fabricam meias lisas e rendadas tanto para o campo masculino e feminino. Posição meia malha: As agulhas encontram-se uma ao lado da outra.

MÁQUINAS DE DUPLA FRONTURA

Máquinas com duas fronturas sendo uma denominada de cilindro, na posição vertical, e a outra denominada de disco, na posição horizontal. Servem para a fabricação de meias lisas e "Derby". Posição "Interlock": Quando as agulhas do disco e do cilindro ficam posicionadas frente a frente uma das outras. Posição Ribana: Quando as agulhas do cilindro estão dispostas intercaladas as agulhas do disco.

MÁQUINAS DE DUPLO CILINDRO

Nesta máquina dois cilindros, que são as suas fronturas, efetuam o tecimento produzindo meias lisas, "Derby", "links-links", "jacquard" e efeitos combinados.

Circulares de Grande Diâmetro

São máquinas que possuem grande número de alimentadores, possibilitando maior produção e tecidos mais finos. Dentro desse tipo de máquinas existem as monocilíndricas, as de dupla frontura e as de duplo cilindro.

MÁQUINAS CIRCULARES MONOCILÍNDRICAS

São máquinas com apenas uma frontura, chamada de cilindro, na posição vertical. Seu produto final é o tecido "Jersey" ou, como é conhecido mais popularmente, meia-malha.

MÁQUINAS CIRCULARES DE DUPLA FRONTURA

Como o próprio nome indica, são máquinas possuidoras de duas fronturas de agulhas denominadas cilindro (na posição vertical) e disco (na posição horizontal) e são máquinas próprias para a produção de malhas duplas. Os principais tecidos de malha por elas produzidas são o "Rib", o "Interlock" e o "Jacquard". A grande variedade de tecidos fabricados por este tipo de máquina encontra-se diretamente ligada às possibilidades de tecimento por elas apresentadas.

MÁQUINAS CIRCULARES DE DUPLO CILINDRO

As máquinas deste tipo apresentam um único conjunto de agulhas de dois ganchos (ou cabeças) e que podem trabalhar em um cilindro ou no outro, conforme a programação pré-determinada para o tecido em produção. As máquinas deste tipo produzem tecidos de malha "fantasia" por efeito de produção de malhas direitas e esquerdas.

Teares Circulares

Elementos de Tecimento – Teares Circulares

AGULHAS

Há 3 tipos fundamentais de agulhas:

A: Agulha de Prensa	B: Agulha de lingueta	C: Agulha de Ferrolho
1-Bico	1-Pé	1-Gancho
2-Fresado	2-Lingueta	2-Bico do Ferrolho
3-Cabrç	3-Gancho	3-Ferrolho
4-Corpo	4-Corpo	4-Corpo
5-Dorso		
6-Pé		

Malharia

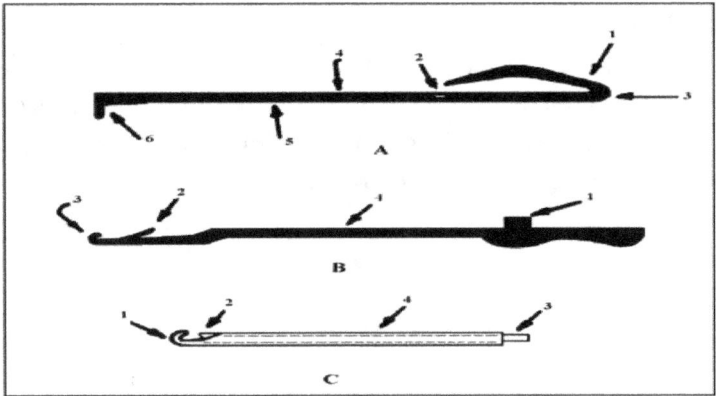

Tipos de Agulhas

Contando-se os movimentos de avanço e retrocesso, cada uma dessas agulhas executa 48 revoluções por volta, sendo de 20 rotações por minuto, em geral, a sua velocidade. Em outras palavras, isso significa que uma só agulha de lingueta, nesse conjunto de 4.000, contribui para a formação de 230.400 malhas durante um tempo de 8 horas, fato que, por si mesmo, nos leva a concluir que, sendo a vida útil dessas agulhas de mais ou menos 3.600 horas, podem ser formadas mais de 100 milhões de malhas antes que o desgaste se faça patente.

PLATINAS

As platinas são lâm0inas de aço finas, fixas ou móveis que atuam entre duas agulhas adjacentes. Na malharia de grande diâmetro encontramos, basicamente, 2 tipos de platinas, a saber:

Platinas de condução

Têm a finalidade de conduzir as agulhas através das respectivas pistas de excêntricos, do disco ou do cilindro, a fim de que as mesmas possam desempenhar, com eficiência, as posições fundamentais de tecimento.

Platina de Condução

Platinas para máquinas "jersey"

Essas platinas conseguem reter o tecido quando as agulhas iniciam o seu movimento de subida, momento em que avançam através de seus canais e seguram as malhas, impedindo as de subir junto com as agulhas. Do mesmo modo, essas platinas igualam a malha, porque, ao retê-la, asseguram sua permanência sempre na mesma altura, evitando distorções e garantindo a qualidade uniforme do produto final. Finalmente, elas formam o plano de desprendimento no instante em que recuam para formar uma superfície que permite um descarregamento suave das malhas.

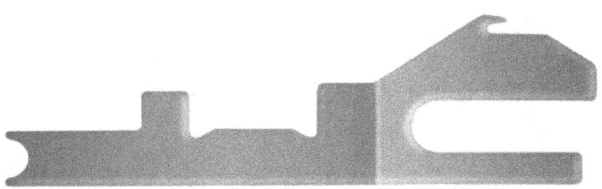

Platina para Jersey

JACKS-PADRÃO

Cabe aos "Jacks" - padrão o papel de transmitir às agulhas, selecionando-as após a primeira seleção executada pelos dispositivos "jacquard". Antes de inseri-los nos canaletes, há que dobrá-los ligeiramente, o que lhes confere a propriedade de auto frenagem, que impede deslizamentos espontâneos dentro das ranhuras do cilindro.

A espessura do "Jacks" representa, ao mesmo tempo, a espessura da dobragem. Dobrados para trás, os "jacks" - padrão têm assegurados quatro superfícies de contato ao serem introduzidos nos canaletes. Caso isso não fosse feito, haveriam, apenas, 3 superfícies, gerando menor eficiência operacional e maior possibilidade de desgaste prematuro, uma vez que essas superfícies de contato se encontram no ponto mais delgado, ou seja, na parte de trás do fresado.

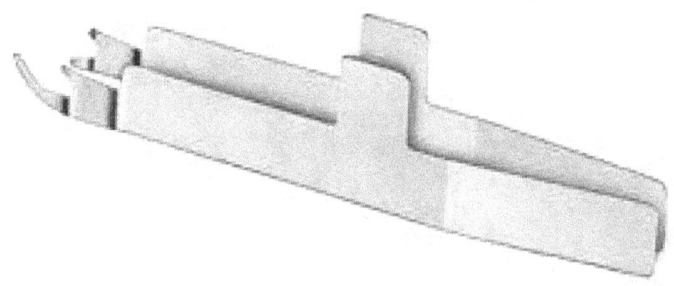

Jack Padrão

GUIA FIOS

O guia-fio é um elemento básico no percurso a ser obedecido pelo fio do cone até as agulhas, levando-o a uma posição em que as agulhas possam recolhe-lo. Apesar de ser esta a função primordial do guia-fio, ele também executa outras, de apoio, ou também garantem o correto processo de formação da malha.

Um fio que passa pelo furo do guia-fio será deixado numa posição em que poderá ser facilmente recolhido pela agulha. É nesse ponto que o guia-fio exerce sua primeira função, que é a de fornecer fio numa determinada posição que facilite o trabalho da agulha. A distância existente entre o guia-fio e a lingueta da agulha não é suficiente para que a lingueta possa fechar. Essa função se faz necessária porque a malha, ao sair de cima da lingueta, está descontrolada, podendo fechar. Caso a lingueta feche, a agulha não pode recolher o fio, prejudicando assim o processo de formação das malhas.

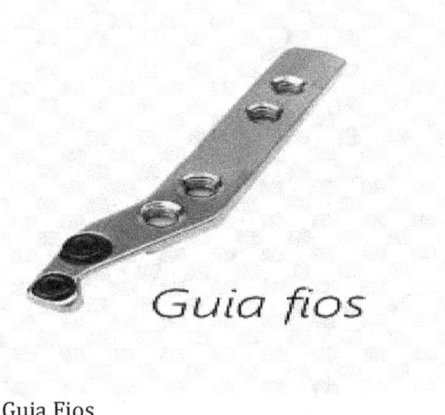

Guia Fios

EXCÊNTRICOS

Os movimentos intermitentes das agulhas são comandados por jogos de cames (excêntricos), montados sobre os cilindros / discos (teares circulares) ou nos carros (teares retilíneos). Para que possamos formar uma malha é necessário que as agulhas tenham dois movimentos: avanço e retrocesso, ou de modo geral, subida e descida. Tais movimentos são conseguidos através de um conjunto de blocos onde estão dispostas as pedras. Estas pedras são peças de aço que comandam o movimento das agulhas.

Excêntricos

Simbolicamente as cames do cilindro para cima e disco são representadas por triângulos para baixo divididos em duas partes. A cada uma dessas partes é atribuído o número um ou zero. Se for atribuído o número um, significa que está em ação; se for zero, a came está fora de ação.

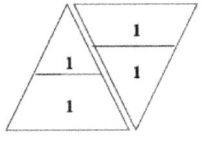
Came do cilindro e disco em ação, quando as agulhas passam nestes cames tricotam uma laçada normal.

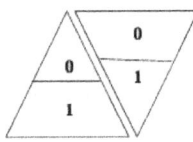
Came do cilindro e disco em meia ação corresponde à formação de uma laçada carregada.

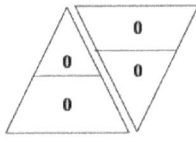
Came do cilindro e disco em formação de uma laçada flutuante.

Simbologia dos Cames

O movimento circular do cilindro atua no sistema de pedras que é, na maioria das vezes, estacionária. Estas pedras ou "cames" estão fixas em um conjunto de blocos. Este sistema de pedras é o que promove a ação de subida das agulhas, preparando-a para a captura de um novo fio.

A subida e a descida da agulha se dão em virtude de a agulha possuir um pé ou talão, e é no ponto de descida máxima que se dá a formação da laçada. O "fang" é um processo utilizado em malharia no qual o fio é alimentado às agulhas, porém, não faz a malha, ou seja, não forma a laçada. Assim, podemos de dizer, que o "fang" é uma alça presa pelos pés da malha seguinte formada pelo não descarregamento da malha anterior.

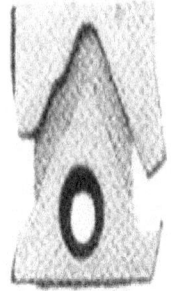 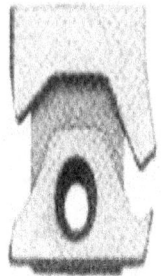 

Forma malha   Forma "fang"   Não trabalha

FRONTURAS

As agulhas são alojadas dentro de canais em um suporte metálico denominado frontura. Dentro de seus canais as agulhas são mantidas paralelas podendo fazer seu movimento de avanço e retrocesso. A forma de frontura varia conforme o tipo de máquina (retilínea ou circular). Nas máquinas retilíneas a frontura caracteriza-se por uma placa plana, enquanto em máquinas circulares apresenta-se em forma de cilindro. As fronturas são os portadores das agulhas. No cilindro, as agulhas ficam dispostas na vertical, e no disco, ficam dispostas radialmente, na horizontal. As máquinas que possuem apenas cilindro são chamadas mono frontura, e as máquinas que possuem cilindro e disco são chamados de dupla frontura.

Cada agulha é colocada em uma ranhura que a mantém em sua posição (ranhuras selecionadas podem, às vezes, serem deixadas vazias, sem agulhas para fazer certos tipos de tecidos). O número de ranhuras ou canaletas por polegada em uma máquina de malharia é fixo, mas existem diferentes máquinas, tendo distintas quantidades. Este número é chamado de galga ou finura da máquina. Quanto maior for este número, mais próximas as malhas serão formadas, pois quanto maior o número de fileiras, maior será o número de agulhas por polegadas. Uma agulha representa uma fileira ou uma coluna de malha.

Frontura Circular

SISTEMA DE ALIMENTAÇÃO

Sistema de alimentação é a forma pela qual os fios são entregues às agulhas durante o tecimento, em todos os alimentadores que estiverem em trabalho na máquina. Esta entrega poderá ser realizada de duas maneiras, nas quais denominamos Alimentação Negativa e Alimentação Positiva.

Alimentadores Positivos

A alimentação positiva tem como finalidade básica alimentar uma quantidade de fio por unidade de comprimento. Durante cada volta da máquina, as agulhas recebem uma quantidade correta de fio, que nunca pode variar, decorrente do movimento sincronizado do sistema de alimentação positiva com o cilindro da máquina, o que assegura uma quantidade constante de fio alimentado. Consistem de uma a quatro polias acionadas por uma fita dentada, um carrinho para enrolamento do fio e uma sentinela para quebra de fio e variação de tensão.

Malharia

Alimentador Positivo

Alimentadores Negativos

Neste sistema, as próprias agulhas puxam a quantidade de fio necessária para formação de malha ou "fang". O aparelho alimentador de fio se encarrega apenas de apresentar o fio numa tensão mais baixa e regular possível. O alimentador é comandado por um microprocessador que faz desenrolar o fio do cone que está na gaiola, armazenando-o, isto é, ele desenrola uma quantidade predeterminada de fio do conical e armazena na polia.

O fio é desenrolado a partir deste ponto quando solicitado pelas agulhas ou outros elementos. À medida que o fio é consumido, a polia entra em ação e desenrola fio dos conicais até que a quantidade de voltas predeterminadas seja alcançada novamente. Os alimentadores por acúmulo atuais possuem motores individuais que permitem um funcionamento independente uns dos outros.

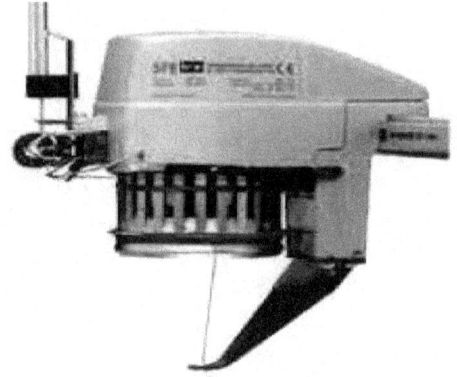

Alimentador Negativo

CONSIDERAÇÕES FINAIS

A continuação desta obra técnica se dará em outras duas partes onde serão detalhados os processos envolvidos nos Beneficiamentos Têxteis e na Confecção.

São informações importantes, complementam e finalizam o ciclo de produção das roupas, entender como recebem cores, estampas, a formação do jeans, como funciona uma Lavanderia Industrial e a forma final da costura, completando a ideia de como se fabrica uma camiseta ou calça.

BIBLIOGRAFIA

1-Manual de Engenharia Textil - Volume 1- Fundação Calouste Gulbenkian.

2-Manual de Engenharia Textil - Volume 2- Fundação Calouste Gulbenkian.

3-Indústria de Processos Químicos – Guanabara 2 – Edição 4.

AGRADECIMENTOS

Agradeço a minha família, esposa, filho e filha, pela paciência com o meu tempo dedicado a este trabalho, colaborando para que eu chegasse até aqui.

BIOGRAFIA

Engenheiro Químico e Técnico Têxtil com mais de 35 anos de experiência trabalhando em indústrias Têxteis e Químicas.

Atuando desde 2021 com Avaliador de Mídias para Inteligência Artificial e Crowdtesting através de software, aplicativos e pesquisas.

Atualmente também produzindo Conteúdo Digital, trabalhando no desenvolvimento de Soluções que ensinam as pessoas a fazer elas mesmas determinados produtos no formato de e-book.

Autor independente de livros com conteúdo técnico de áreas específicas da indústria.

OBRAS DO AUTOR

Série e-faça
SABÃO EM BARRAS

https://www.amazon.com.br/dp/B0D79SC4DF

Aprenda a fazer barras sabão de alto rendimento e excelente qualidade, para uso próprio ou comercial.

LAVANDERIA SEM SEFREDOS

https://www.amazon.com.br/dp/B0DS9ZT2RN

Descubra os segredos da limpeza de roupas com dicas de lavagem e aprenda a remover variados tipos de manchas de acordo com a composição de cada roupa.

Série Tecnologia Têxtil

TECNOLOGIA TÊXTIL PAERTE 1

https://www.amazon.com.br/dp/B0DBGRSSYF

Inicie o estudo da Tecnologia Têxtil, aprenda quais são as Fibras Têxteis, como elas se transformam em fios, como estes fios formam os tecidos e finalmente como são entrelaçados originando as malhas.

TECNOLOGIA TÊXTIL PAERTE 2

https://www.amazon.com.br/dp/B0DDWBQGKR

Conheça a complexa área dos Beneficiamentos Têxteis, como aqueles tecidos e malhas são preparados e recebem as cores na Tinturaria e as estampas na Estamparia. Descubra como se faz o jeans, a partir do tingimento Índigo.

TECNOLOGIA TÊXTIL PAERTE 3

https://www.amazon.com.br/dp/B0DQKCJM6M

Veja as principais técnicas de acabamentos têxteis químicos e físicos, como funciona uma lavanderia industrial com os tipos de lavagens, finalizando estude o setor de Confecção e as técnicas de corte e costura.

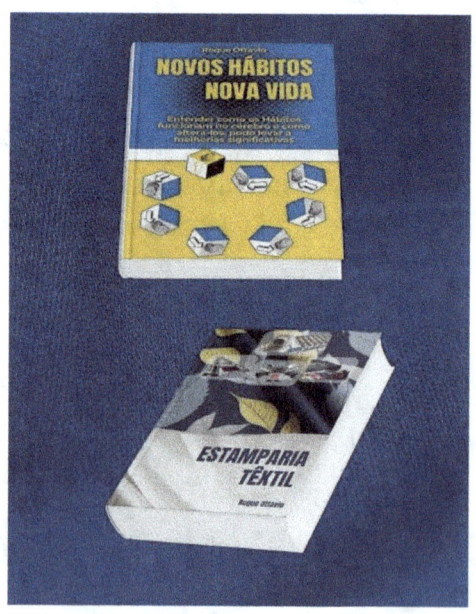

ESTAMPARIA TÊXTIL

https://www.amazon.com.br/dp/B0DSV6WLTJ

Este livro apresenta a tecnologia da Estamparia sobre materiais têxteis, todas as áreas envolvidas seguindo o fluxograma do processo industrial. A arte de fazer estampas cada vez mais brilhantes, nítidas e agradáveis de se observar.

NOVOS HÁBITOS NOVA VIDA

https://www.amazon.com.br/dp/B0D8DJYCVT

Entenda como os Hábitos interferem nas nossas atitudes, aprenda como mudá-los para novos hábitos e obter resultados significativos que proporcionam uma vida melhor.

www.ingramcontent.com/pod-product-compliance
Lightning Source LLC
Chambersburg PA
CBHW071038240526
45469CB00006BD/2252